Sequenzen der Wörtlichkeit

Ein Sammelband: Lyrik und Kurzprosa

Marie Döling

1. Auflage
© 2018, Marie Döling

Korrektorat: Lesley Rost
Herstellung und Verlag: BoD – Books on Demand, Norderstedt
Umschlaggestaltung: Catrin Sommer, Rauschgold Coverdesign - www.rausch-gold.com

ISBN: 9783748151289

Das Werk, einschließlich seiner Teile, ist urheberrechtlich geschützt. Jede Verwendung ohne Zustimmung des Verlages und des Autors ist unzulässig. Dies gilt insbesondere für die elektronische oder sonstige Vervielfältigung, Übersetzung, Verbreitung und öffentliche Zugänglichmachung.

Die Deutsche Nationalbibliothek verzeichnet diese Publikation in der Deutschen Nationalbibliografie; detaillierte bibliografische Daten sind im Internet über
http://dnb.d-nb.de abrufbar.

INHALTSVERZEICHNIS

Sequenz I

Gedankenozean	02
Lavendel	05
Gründe	05
Einhundert Jahre	06
Erinnerungen	08
Zwietracht	08
Versprechungen	09
Happy End	13
Ozean aus Asche	13
Schuldig	14
Sintflut	17
Regengüsse	17
Schwerelosigkeit	17
Betrachtungsweise	18
Schmetterlinge	19
Nebelfarben	19

Farblosigkeit	19
Märzlied	20
Wünschenswert	22
Flutlichter	22
Heilung	23
Grenzenlos	23
Sequenz II	
Tänzerin	26
Liebe	28
Farben	28
Der Schlussstrich	29
Wenn ich bleibe	32
Pusteblumen	32
Unter Wasser	33
Wenn Stille schweigt	35
Verbliebenes Grau	36
Wüstenwind	37
Reflexion	37
Das letzte Kapitel	38
Hoffnung	42
Versenkung	42
Sturm	43

Nachtigall	44
Schneegestöber	44
Taub	45

Sequenz III

Eden	48
Wolkenfee	49
Trockenes Wasser	50
Vom Haiku der Sternschnuppen	50
Evangelien der Gegenwart	51
Kriegsgedanken I	54
Kriegsgedanken II	57
Kriegsgedanken III	58
Nachsicht	58
Blutende Bäume	59
Taten	60
Weltschmerz	60
Gesellschaftsspiel	61

Sequenz IV

Write In Pieces	68
Inspiration	68
Zeilensprünge	69
Wortgespinste	69

Worte der Musik	70
Von Wundern und Erkenntnis	70
Königlich	71
Einfachheit	72
Flucht	72
Spinne	73
Nimmerland	73
Geschichtenschreiber	74

Für Paul.
Und für deine einhundert Schutzengel.
Danke, dass du noch da bist.
Ich habe dich so lieb.

Sequenz I

Von den Menschen und ihren
Gesichtern.

> Wenn ich in dem Chaos hier versinke,
> findest du mich im
> Wahnsinn wieder.

***

Für alle, die kämpfen, wenn die Hoffnung längst verloren scheint.

Gedankenozean

Leichtes Atmen. Ein und aus. Sanfte Klänge einer raschelnden Bettdecke. Dumpf, aber idyllisch, klingt das Zwitschern der Vögel durch die geschlossenen Schlafzimmerfenster zu mir hinein.

Ich öffne meine Augen und blinzle dem zarten Licht des Morgengrauens entgegen, bis mein Blick sich klärt und mir *seine* Anwesenheit bewusst wird.

Die Wärme, die von ihm ausgeht, kriecht nebelhaft zu mir herüber und saugt sich an mir fest. Sie lässt mich auf eine seltsame Weise frösteln.

Und dann ist da der Klang meines Herzens, welches gemächlich schlägt und im stetigen Rhythmus Blut durch meine Adern pumpt.

Das sind sie. Diese Augenblicke, in denen ich mir lauernd gegenübertrete. Jene Momentaufnahmen, die mich so häufig einholen und mich unwirklich festhalten. Diese natürlich unnatürlichen Minuten zu Beginn eines Tages, in denen ich mein inneres

Spiegelbild betrachte. Ganz zentral diese eine, alles überlagernde Frage nach dem Glück.

Und ich schaue mich an, blicke von oben auf mich herab und frage mich, ob ich es überhaupt sein kann. Glücklich, meine ich.

Dieses Mädchen, diese junge Frau, auf die ich nun hinunter schaue, sieht nachdenklich aus. Fast verängstigt. Als fürchtete sie sich davor, auf die rechte Seite ihres Bettes zu blicken. Als verschließe sie die Augen, um nicht sehen zu müssen, wo sie sich in ihrem Leben befindet. Und ich komme nicht umhin, mich zu fragen, was mit ihr geschehen wird. Welche Wege sie einschlagen wird.

Manchmal erscheint es mir, als würde ein einziger geworfener Stein den Ozean ihres Selbst zum Toben bringen. Und ich flehe innerlich, dass der Sturm kommen möge, der ihr Innerstes zermürbt und umwirft, damit sie endlich wieder atmen kann. Der rettende Sturm, der sie vor dem Ertrinken bewahrt.

Denn hier schwimmt sie, strampelt und schreit. Stumm. In ihrem Ozean voller Gedanken. Nicht in der Lage, sich zu befreien. Wenn sie doch wenigstens sinken würde. Doch nichts geschieht.

Sie steckt fest und ist gefangen in sich selbst.
Und inmitten meines Wahnsinns begreife ich, dass sie sich nicht bewegen *will*. Dass sie tief in sich noch immer nach einem geeigneten Weg sucht, zu akzeptieren. Zu feige, sich von der Stelle zu bewegen und einen neuen Pfad zu wählen.
So liege ich hier. Höre ihn leise atmen. Ein und aus. Lausche den sanften Klängen der raschelnden Bettdecke. Dumpf, aber idyllisch, klingt das Zwitschern der Vögel durch die geschlossenen Schlafzimmerfenster zu mir hinein.
Ich schließe die Augen und sperre das zarte Licht des Morgengrauens aus, während ich krampfhaft versuche, ihn nicht mehr zu spüren.
Doch die Wärme, die von ihm ausgeht, umgibt mich wie eine zweite Haut. Sie sollte mich doch nicht frösteln lassen.
Und dann ist da der Klang meines Herzens, welches gemächlich schlägt und im stetigen Rhythmus Blut durch meine Adern pumpt.
Das Herz, das mir zeigt, dass ich lebe.

Lavendel

Der Wind flüstert,
der Regen weint um mich.
In meinem Feld voller vertrockneter Blumen
liege ich in mir selbst
und höre den Ozean
meinen Namen
singen.

Gründe

Ganz langsam denke ich
rückwärts und schleiche
über unbekannte Gedankenlichter.
Nur ich allein zerdenke
dich und mich und uns. Und suche nach
Erklärungen.

Einhundert Jahre

Jahre.
Einhundert Jahre.
Einhundert Jahre für einen einzigen Tag.
Ich blicke mir in die Augen, als könnte ich mich nicht an mich erinnern. Ich höre mir zu, als würde ich meine eigene Stimme nicht erkennen.
Täuschen mich die Erinnerungen? Wer ist dieses Spiegelbild, das mir entgegenblickt und mir vor Augen hält – mir so fremde Augen – nicht mehr der zu sein, der ich doch eigentlich sein sollte.
Habe ich mich in deinen Wünschen so verloren, dass ich mich selbst nicht mehr finden kann?
Vielleicht ist es so, wenn man liebt. Dass man ein Stück von sich opfern muss. Und nun stehe ich hier und blicke in ein mir so fremdes Spiegelbild – mein Spiegelbild – als mir klar wird, dass ich mich irgendwo zwischen deiner Liebe, deinen Zweifeln und deinen Ansprüchen verloren habe.
Wie soll ich denn *ich* sein, nachdem ich *dich* geliebt habe?

Und so gibt es nichts in mir außer dem Wunsch, die Zeit zurückzudrehen. Denn dich zu lieben, hat mich zu einem Desaster werden lassen.

Die Erinnerungen fügen sich zu einem Bild zusammen, welches mich mich selbst vermissen lässt. Würdest du mich fragen, wer ich sein will, gäbe ich dir einhundert Jahre meines Lebens für nur einen Tag meines früheren Selbst.

Einhundert Jahre für einen einzigen Tag.

Einen einzigen Tag.

Nur einen Tag.

Ich habe jetzt begriffen, dass jede Geschichte mit uns selbst endet. Ob wir dieses Selbst sein wollen oder nicht.

Erinnerungen

Ich ersticke in dieser Enge,
verstecke mich hinter Luft.
Um mich herum nur tanzende Erinnerungen.
Sie brennen.
Und verbrennen.
Mich.

Zwietracht

Hier standen wir,
auf dem Schlachtfeld unseres Lebens,
und hatten all unsere Munition
verschossen.
Wie konnten wir uns nur so
verlieren?

Versprechungen

Es gibt Momente in meinem Leben, da tanzen die Erinnerungen völlig wild vor meinen Augen und verspotten mich. Verhöhnen mich.
Und ich stelle mir wieder und wieder die Frage, wieso mein Märchen plötzlich zu einem Leben wurde, welches ich nicht gewollt, aber doch auf meine Weise gewählt hatte.
Zu leben und ein Mensch zu sein, bedeutet zu verzeihen. Ohne dieses Gut würde sich die Welt unter ihrer Fehlbarkeit begraben und schleichend in ihren Missetaten versinken.
Denn Menschen sind fehlbar.
Mir wurde allerdings bewusst, dass Schuld eng verwandt mit Reue ist. Und dass Reue, wenn sie ehrlich empfunden wird, mehr wert ist als Schuld.
So kam es, dass die Gunst zu verzeihen, meine oberste Priorität wurde.
Doch letztlich musste ich auf dem harten Weg lernen, dass jedes Prinzip seine Grenzen hat und jede Priorität sich ändern kann.

Denn dir, dir verzeihe ich nicht. Ich habe es so oft getan. So oft versucht.

Nach deinem ersten Schlag hast du mich angefleht zu bleiben. Hast mich inständig gebeten, dir zu verzeihen. Du hattest einen schwierigen Tag, dir ist die Hand ausgerutscht, der Stress und der Druck auf Arbeit bescherten dir ein Blackout.

Ich nahm es hin. Und mehr noch: Ich verzieh dir.

- *„Es war doch nur das eine Mal." (Katja, 26 Jahre)*

Als du mich das zweite Mal schlugst, wollte ich gehen. Doch du flehtest mich an: die Arbeit, der Stress, der Druck. Ich habe dich nicht verlassen, denn ich verstand es. Wir redeten lange. Du versprachst mir tausend Dinge und ich glaubte sie.

- *„Er hat es mir versprochen." (Verena, 32 Jahre)*

Das dritte Mal war heftiger. Ich blutete an der Lippe. War so benommen, dass ich nicht wusste, was passiert ist. Dass ich das Ausmaß dessen nicht begriff, was du sagtest: Dass es meine Schuld wäre, weil ich dich provoziere. Dass sich bei uns grundlegend Dinge ändern müssen, weil du sonst gehst.

- *„Ich wollte ihn doch nicht verlieren." (Bianca, 29 Jahre)*

Wenn ich an diesen Abend zurückdenke, wird mir bewusst, dass dies der Moment war, in dem ich mich das erste Mal selbst verlor. Denn nun war ich es, die sich entschuldigte. Ich war es, die flehend auf dem Boden saß und weinte, hoffte, dass du mich nicht verlässt, während meine Lippe blutete.

Die Schläge, die in den Wochen und Monaten darauf folgten, nahm ich allesamt hin. Ich suchte Ausreden für dich, denn nicht einmal diese fielen dir noch ein.

Ich habe sie für dich erfunden. Denn du liebtest mich doch. Das zumindest sagtest du. Das war doch der Grund für alles.

– *„Unser Märchen sollte doch funktionieren." (Jonathan, 38 Jahre)*

Ich war so auf eine Lösung des Problems fokussiert, dass ich das eigentliche Problem tatsächlich hinnahm. Immer und immer wieder.

Und entgegen allem, was ich hoffte, wurde es nicht besser.

Ich versuchte, alles an mir zu ändern, und bemerkte erst zu spät, dass du es warst, der mich veränderte. Dass du es warst, der meine Prinzipien verriet und meine Gefühle ausnutzte. Und dass ich es war, die sich selbst irgendwo zwischen deinen Schlägen und Tritten verloren hatte.

Ich, die ich nur noch ein klägliches Abziehbild jenes Mädchens war, welches ich einst gewesen bin.

- *„Ich habe ihn doch geliebt." (Marina, 46 Jahre)*

Dir, dir kann ich nicht verzeihen. Du hast mir alles genommen. Vor allem hast du mir mich selbst genommen.

Doch mir, mir *muss* ich verzeihen. Es ist ein schmaler Grat zwischen Reue und Schuld. Zwischen Schuld und Vergebung. Zwischen Gut und Böse. Und manchmal auch zwischen Märchen und Realität.

Für Katja, Verena, Bianca, Jonathan und Marina, die stellvertretend für jede Frau und jeden Mann stehen, die Opfer von häuslicher Gewalt wurden. Ihr seid nicht allein. Und es ist nie zu spät, sich zu befreien.

Happy End

Da ist ein Riss, in meinem Märchen.
Augen, die schreien,
Liebe, die leidet.
Alle Versprechen
gebrochen.

Ozean aus Asche

Ich gehe unter in meinen Erinnerungen.
Mein Kopf platzt, meine Gedanken rasen,
meine Realität verschwimmt.
Ich will dich mitziehen,
in den Ozean aus Asche, in dem ich
ertrinke.
- Es gelingt mir nicht.

Schuldig

Mein Herz schlägt bis zum Hals und dennoch spüre ich es nicht.

Ich renne, taumle, stehe, schweige, weine. Ich habe alles verraten, woran ich glaubte.

Der gestrige Abend begann so normal. So leicht, so fröhlich, so vertraut. Und nun stehe ich hier, inmitten der langsam erwachenden Stadt, und löse mich auf.

Die Vögel zwitschern, die Straßen singen, der Wind weht schwach. Auf den Gräsern spiegelt sich das sanfte Licht der Sonne. Es ist so idyllisch, dass ich dir am liebsten ein Bild davon schicken würde.

Doch wie könnte ich das jetzt noch tun? Es mag ein wunderschöner Morgen sein, doch der Moment ist es nicht.

Die Vögel verspotten mich, die Straßen weinen, der Wind nimmt mir die Luft.

Die Strahlen der Sonne sind eiskalt auf meiner Haut und ich erfriere. Meine Jacke habe ich irgendwo vergessen. Halt. Nicht irgendwo. Bei ihr. Wie soll ich dir das nur erklären?

Du würdest mir nicht glauben, wenn ich sage, es lag am Alkohol. Du würdest mir nicht glauben, wenn ich sage, dass ich dich niemals verletzten wollte. Dass ich dich liebe. Auf eine absurde Weise kann ich es selbst nicht glauben, obwohl es die reine Wahrheit ist.

Ich wünschte, du wärst da gewesen und hättest mich davon abgehalten, zu trinken. Es mag egoistisch klingen, aber wenn du nur da gewesen wärst, wäre dies niemals passiert. Du hättest dort sein *müssen!*

Ich strauchle, haste, stehe wieder, falle hin. Ich wünschte, ich könnte dir noch einmal in deine Augen blicken, die so rein und voller Liebe sind. Sie werden ihr Strahlen verlieren, so wie ich meines verloren habe.

Ich habe die letzten Jahre mit Füßen getreten, ich habe sie wie überflüssigen Mist aus meinen Gedanken geworfen und dich verraten.

Verrat kann man verzeihen, aber man kann ihn niemals vergessen. Er wird bei jeder Entscheidung der unsichtbare Dritte sein. Der Schatten des Vertrauens, der Beischlaf unserer

Liebe. Er wird *sein*.

Und so bin auch ich. Verlassen von mir selbst, kurz davor, die Liebe meines Lebens zu verlieren. Meine Vertraute. Meine beste Freundin.

Und so werde ich sein. Denn diese Schuld kann kaum überwunden werden. Und ich vermag nicht zu sagen, wie groß dein Herz ist und wie gewaltig der Schmerz, den du unweigerlich fühlen wirst.

Ich gehe, laufe, renne, gehe wieder, bleibe ein letztes Mal stehen. Vor unserer Haustür. Vor unserer Wohnungstür. Und gehe hinein.

Sintflut

Seit ewigen Momenten stehe ich
im unendlichen Regen
und weine unsterblichen
Augenblicken nach.

Regengüsse

Ich weinte und schrie,
als der Regen mein Freund
und das Echo mein Zuhause wurde.

Schwerelosigkeit

Und all das *wir*
verschwindet
zwischen *dir* und
mir.

Betrachtungsweise

Von Natur aus schön, schaue ich in den Spiegel und sehe Wunder. Wunder, die präzise geschaffen wurden. Wie gezeichnet erstrahlt meine Haut in einzigartiger Sanftheit.
Noch ein letzter Strich und das Werk ist vollendet. Die Perfektion liegt in ihrer Grazie, ihrer Genauigkeit. Sie liegt in mir.
Ich sehe mich an und versuche zu erkennen, wer ich bin. Ich kann nichts erkennen.
Es ist so weit. Ich gehe hinaus auf den Laufsteg und zeige der Welt den Glanz und die Anmut.
Lächle, wie sie es noch nie gesehen haben. Strahle, dass sie mich nicht vergessen können.
Aber mich, mich selbst, zeige ich ihnen nicht.
Ich verstecke mich in all diesen Schmetterlingen, vergrabe mich unter den Farben ihrer Flügel.
Und diese Schmetterlinge sind nicht schön. Sie sind rabenschwarz und brennen. Sie vergiften mich.

Schmetterlinge

Meine Haut,
hauchdünn und aus Seide.
Ich will sie abreißen, umnähen, anmalen.
Wie ein Schmetterling gar neu
erblühen.

Nebelfarben

Auf meiner papierdünnen Haut
spiegelt sich die Welt in
Nebelfarben.

Farblosigkeit

Deine Narben sind farblos perfekt
in deine Welt gewebt.
Sie wimmern.
Und zeichnen dir den Weg
zurück.

Märzlied

Das ist er. Das ist der März.
Wenn die Sonne hoch am Himmel steht, die Luft mir aber eisig kalt den Atem raubt. Wenn das Grau der Bäume langsam wieder brauner wird, vielleicht gar grüner. Die Tage endlich länger sind, die Menschen wacher.
Der März. Was für ein erlesener Monat.
Wenn erste Zweige grünlich werden und kleine Vögel kräftig singen. Wenn früh der Frost die Wiesen küsst und wir zum Abend hin zusammen sitzen, mit Decken warm auf dem Balkon.
Der März, der Sekunde um Sekunde alles um mich 'rum viel schöner macht. Viel grüner macht. Viel größer macht.
Als du mich lehrtest, den März zu hassen, liebte ich dich viele Jahre.
Als du mich lehrtest, den März zu hassen, hast du mich deiner selbst geopfert.
Als du mich lehrtest, den März zu hassen, lehrte ich selbst mir Vergebung.

Doch jedes Jahr, wenn die Tage länger werden, kleine Vögel eifrig klingen, Bäume sich zur Sonne neigen und Menschen wieder wacher sind, dann weine ich dem Leben nach, in dem mein Herz den März so liebte. In dem mein Herz noch lieben konnte.

Nur weil du mich lehren musstest, den März zu hassen.

Wünschenswert

Ich liege still,
doch irre ich umher
und suche verzweifelt in den Sternen.
Ich möchte doch nur eine.
Nur eine,
eine einzige Sternschnuppe sehen.
Weshalb?
Um mir zu wünschen,
mehr zu sein
als die Suche nach dem Wunsch.

Flutlichter

Ich war der Sturm
in ihren Worten.
Ihre Tränen waren
die Flut,
in der ich erbarmungslos
ertrank.

Heilung

Mein Spiegel splittert und zerfällt.
Ich setze verzweifelt mein Sein zusammen,
bastle aus meiner Menschlichkeit ein
fast pittoreskes Bild.
Doch die nach dir duftenden Splitter
scheinen nicht zu passen.
Sie verzerren mein Porträt zu einer Fratze
und verhöhnen mich.

Grenzenlos

Als ich
auf den Grenzen meines Seins balancierte,
erinnerte ich mich an das Gefühl,
ich selbst zu sein.
Und mich selbst
zu lieben.

Sequenz II

Von dem Leben und dessen
Facetten.

> Wie ein Kind jage ich
> fallenden Sternen nach,
> um das Licht in meine Welt zu bringen.

***

*Für alle, die bleiben, wenn andere schon längst
gegangen sind.*

Tänzerin

Die Stimmen verschwimmen mit der Musik zu einem pochenden Rauschen. Die Lichter verschlingen meine Blicke und lassen die Welt straucheln, während die Luft um mich herum so stickig ist, dass es mir schwerfällt, zu atmen. Ich würde gerne durch die bunte, tanzende Masse nach draußen gehen, um frische Luft in meine Lungen zu pumpen. Doch ich klebe an dieser Stelle fest, nicht fähig, mich zu rühren.
Denn dort stehst du, auf der anderen Seite des Raumes und lachst mit deinen Freunden. Dort stehst du, genießt die Musik und die Gespräche, lebst. Dort, wo wir einst gemeinsam standen, steht nun ein braunhaariges, schönes Mädchen an deiner Seite und kann den Blick nicht von dir nehmen. Diesen Blick, der mir so bekannt vorkommt, weil ich ihn auf jedem Foto von uns in meinem Gesicht sehe.
Das Lied wechselt, die Musik verändert sich. Das pulsierende Rauschen wird zu einem sanften und

friedlichen Klang. Ich sehe, wie du ihre Hand nimmst. Wie du sie ergeben hältst und mit ihr in die tanzenden Lichter gehst. Und ich erinnere mich, dass du vor einiger Zeit auch meinen Geruch so inhaliertest, wie du es nun mit ihrem tust. Als würdest du sie einfach nur atmen wollen. Und quer durch den Raum, während du sie fest in deinen Armen hältst, blickst du für einen kurzen, ewigen Moment in meine Augen. Und lässt mich alles sehen. Alles, was ich wissen muss.

Und in diesem Augenblick, in dem ich von reiner Stille umgeben bin, setze ich einen Fuß vor den anderen, bis ich mit den Lichtern des Raumes inmitten der Tanzfläche eins werde. Ich drehe mich, drehe mich in Kreisen. Ich pulsiere. Die Augen geschlossen, lasse ich mich ganz in diesen Augenblick fallen. Ich tanze allein, lebe. Denn obwohl du mich nicht siehst, ist mir, als würde *ich* mich das erste Mal sehen.

Ich weiß nicht, wie lange ich tanzte. Ich weiß nur, dass ich dir in diesem Augenblick vergab. Denn an der Liebe trägt niemand Schuld, man kann sie nicht beeinflussen. Und darum ist es in Ordnung, dass du sie liebst, während ich dich liebe. Weil es Leben bedeutet. Weil es Liebe bedeutet.

Liebe

Sie war
ich
und sie war
er
und zwischen
ihr
zerbrachen
wir
in Einzelteile.

Farben

Ich malte in Farben,
die nicht
existierten,
und verlor mich darin.

Der Schlussstrich

Ich blicke aus der U-Bahn und würde gerne sagen, dass das Leben an mir vorbeizieht. Dass ich nichts tun kann, außer unschlüssig in diesem Abteil zu sitzen und darauf zu warten, dass sich irgendwann an irgendeinem Ort die Türen öffnen und mir ein Instinkt sagt, ich solle den Zug verlassen. Solle abspringen und beginnen, alles auf die Reihe zu bekommen.
Die Tatsache aber ist, dass mein Leben *nicht* an mir vorbeizieht. Dass ich in diesem Abteil sitze und unglücklich bin, *das ist* mein Leben. Ich habe nichts erlebt, was an mir vorbeiziehen könnte, und doch, so denke ich, habe ich genug gesehen, um einen Schlussstrich zu ziehen. Unter allem. Unter jedem.
So ziehe ich einen Schlussstrich unter meinen Eltern. Meine Mutter verließ uns, als ich ein Baby war. Erst nahm sie mich mit sich, doch dann setzte sie mich wenige Monate später vor der Haustür meines Vaters ab, weil ich ihr zu lästig

und zu anstrengend wurde. Mein Vater übertrug den Groll, welchen er gegen meine Mutter hegte, von nun an auf mich.

Ich ziehe einen Schlussstrich unter meinen Freunden. Es sind nur zwei. Einer davon starb vor zwei Jahren bei einem Autounfall. Der Andere ist der Barkeeper meiner Stammkneipe. Ich habe nie erfahren, was wahre Freundschaft wirklich bedeutet, ich konnte nie das Gefühl empfinden, sich auf jemanden zu verlassen. Ich war niemals für jemanden da, weil mich niemand jemals brauchte. Ich bin kein Freund und ich fand keinen Freund.

Ich ziehe einen Schlussstrich unter meinem Dasein als Tischler. Eigenartig, denn dieses Handwerk gab mir das Gefühl, jemand zu sein und etwas zu können. Jedes Werkstück war etwas Verlässliches und Ewiges. Es ergab Sinn, bis das permanente Zittern meiner Hände mir auch diesen nahm.

Ich ziehe einen Schlussstrich unter der Trostlosigkeit. Denn ich möchte mich nicht mehr so fühlen. Es lohnt sich nicht, die Zeit mit Stillstand zu vergeuden.

Der Zug hält.

Ich steige aus, ohne mich umzuschauen. Mein Ziel habe ich genauestens im Blick. Ich weiß, was zu tun ist.

So ziehe ich den letzten Schlussstrich, indem ich ihn übertrete. Indem ich über die weiße Markierung des Bahnsteigs trete und kurz davor bin, mich in den Sog des Zuges zu werfen, welcher in den Bahnhof rast.

Ich ziehe den letzten Schlussstrich hinter mir. Weil ich kein Leben habe, das an mir vorbeiziehen könnte, obwohl ich es mir wünschte.

Es kann nur besser werden.

Ich weiß es.

Das nächste Leben wird besser. Und ich werde gewappnet sein.

Für alles.

Für dich.

Und vor allem für mich.

Ich spüre die leichte Vibration. In meinen Ohren rauscht der Klang des Zuges.

Ich bin bereit.

Dann spüre ich etwas an meinem Arm.

Wenn ich bleibe

Woher soll ich die Kraft nehmen zu bleiben?
Der Schmerz, er lähmt mich,
nimmt mich ein.
Du stehst bei mir, atmest mich.

Also…

Wie kann ich gehen?
Wenn *ich* doch alles bin,
was bleibt.

Pusteblumen

Du atmest sanft auf meiner Haut
und fliegst;
Wie Pusteblumen,
die ihren Schmerz dem Winde
übergeben.

Unter Wasser

In der Nacht, in der die Kälte wieder Besitz von ihr ergriff, schlich sie sich aus ihrem Haus voller Trostlosigkeit. Vom Wasser angezogen, vom Mond verführt, trug es sie an das Ufer des Sees, der von klein auf ihre Zuflucht war.
Niemand sah sie. Sie selbst sah nur das Wasser, welches mit einer seltenen Anmut in kleinen Wellen an ihre Füße gespült wurde.
Weit und breit kein Mensch, der hinsieht. Und so gibt es auch niemanden, der für sie hoffen kann.
Sie war doch nur eine Freundin meiner Tochter.
Sie war doch nur eine Schülerin meines Kollegen.
Sie war doch nur das stille Nachbarskind, dass einmal im Sommer zum Grillen kam.
Niemand sah sie. Sie selbst sah nur das Wasser, welches so beruhigend vom Monde erleuchtet wurde und für immer ihre Heimat sein sollte. Ihr Frieden. Keiner sah, dass sie ein verwundetes Geschöpf war. Keinen interessierte es, dass sie nicht eine Nacht ohne Albträume verbrachte.

Keiner sah die Narben auf ihrem Körper. Niemand die Risse in ihrem Lächeln.

Und so sieht auch jetzt niemand hin. Niemand sieht hin, sieht die Wellen nicht, die ihren geschundenen Körper bedecken. Die Wellen, verursacht von ihren flehenden Bewegungen, die sie endlich schweben lassen. Frei wie einen Vogel.

Sie schwebt in der Tiefe und *ich* sehe nicht hin. Ertrunken in der Einsamkeit. Erfroren im heilenden Wasser. Erstickt an der Ignoranz der Menschen.

So träumt sie am Grund des Sees. Wieder. Doch dieses Mal wird sie nicht mehr auftauchen.

Und niemand hat es bemerkt. Niemand wollte es sehen.

Denn es ist so leicht, die Narben zu ignorieren, nicht wahr? Es ist so leicht, ihr gespieltes Lächeln zu glauben, ist es nicht so?

So lebte und starb sie. Ungesehen. Weil die Masse zu blind für ein Individuum ist. Weil *wir* sie nicht gesehen haben.

Wenn Stille schweigt

Die Stille,
sie weint.
Verlorene Erinnerungen
zerreißen ihr Herz.

Die Stille,
sie schreit.
Von Wut zerfetzt
die Liebe.

Die Stille,
sie fleht.
Einmal noch da sein,
Geborgenheit fühlen.

Die Stille,
sie schweigt.
Das Leben aus Liebe
beendet.

Verbliebenes Grau

Ich kann dir gar nicht sagen, wie lange ich hier schon sitze und dieses für mich so abstrakte Gestein ansehe, das so kalt erscheint, so grau, und mir die Welt bedeutet.
Weniger noch kann ich dir sagen, wann ich jemals wieder fortgehen werde.
Wie ein magnetisches Gebilde, das mich mit unendlicher Schwere an sich kettet und tief in meinem Selbst verwoben ist, fesselt mich der Stein an diesen Ort.
Denn hier, an dieser toten Stelle, schlägt mein Herz und ich kann endlich wieder atmen.
Und doch ist es fast unwirklich, dass dort dein Name steht. So lebensecht auf diesem kargen, stumpfen Stein. So tröstlich, wenn all das Kerzenlicht das Grau erhellt und mich der sanfte Schein umhüllt, wie du es einst getan hast.
Hier, an diesem Ort, ist meine Liebe nicht begraben. Hier lebt sie. In diesem einzig verbliebenen Grau.

Wüstenwind

Es ist Sand,
der durch die Finger rinnt.
Ungesehen alle Körner
- nur einzelne fallen auf.
Wie Zeit,
die durch die Lüfte weht und
schnell,
so schnell,
vergeht wie
Leben.

Reflexion

Manchmal falle ich so tief in mein Selbst,
dass ich mich darin verliere.

Das letzte Kapitel

Ich traf dich an einem Donnerstag - Oh, wie ich Donnerstage liebe. Du warst auf dem Weg in die Bibliothek, um deine Bücher abzugeben, deren Abgabefrist du mal wieder überschritten hast, während ich mit einem riesigen Stapel voller Kopien in Richtung des Seminarraums eilte.
So rannte ich direkt in deine Arme. Ich spüre den blauen Fleck, den mir dein Ellenbogen an den Rippen verpasste, als wäre es gestern gewesen.
Doch aus Gestern wurden bereits drei Jahre. Was würde ich dafür geben, die Vergangenheit zur Gegenwart zu machen.
Du magst über mich schmunzeln, doch dieser Tag veränderte mein Leben. Du hast es verändert, genau wie mich. Ich habe mich oft gefragt, wie mein Leben verlaufen wäre, hätte ich dich nie getroffen. Was wäre passiert, wäre ich pünktlicher gewesen, oder hättest du die Bücher eher abgegeben.
Und im nächsten Moment frage ich mich, ob ich

das gewollt hätte. Es hätte mir den Schmerz erspart, den alles verschlingenden, zerstörerischen Schmerz, der täglich meine Brust zerreißt und mich Stück für Stück in den Abgrund zieht. Und doch hätte ich all die kostbaren Momente mit dir verpasst: Ich wüsste nicht, wie man „Nothing Else Matters" auf Gitarre spielt, ich wäre vermutlich niemals in den Genuss deiner exzellenten Käsespätzle gekommen, ich hätte niemals diese unbändige, alles verzehrende Liebe gespürt, die du mir geschenkt hast.

Du warst das perfekte Puzzlestück in meinem Leben, und du warst es, der dieses Lebenspuzzle für immer zerstörte.

Wie konntest du nur so selbstsüchtig sein? Wie konntest du mir das antun?

Du sagtest einmal, ich wäre alles für dich, du bräuchtest mich zum Atmen. Doch wie soll *ich* nun leben, wo ich *dich* nicht mehr atmen kann?

Zweieinhalb Jahre hast du mein Leben komplettiert, hast es lebenswert gemacht, hast Träume mit mir geträumt und verwirklicht, von denen ich nicht einmal wusste, dass ich sie habe.

Und dann steigst du in dieses Auto. Du steigst hinein, obwohl du weißt, dass es irrsinnig ist, mit

Alkohol im Blut zu fahren. Du steigst hinein mit dem Wissen, dass du einen Unfall bauen und sterben könntest. Mit dem Wissen, mich für immer allein lassen zu können. Wieso bist du nur eingestiegen?

Du weißt, dass dies die letzte Geschichte sein wird, die ich dir jemals erzählen werde. Du weißt, dass du mich nun endgültig verlassen musst. Du weißt genauso gut wie ich, dass die Hoffnung auf Besserung niemals kommen wird, denn es gab sie nie.

Monatelang liegst du schon hier, bewegst dich nicht, siehst mich nicht, spürst mich nicht. Dein Körper lebt, irgendwie, doch du bist schon eine Weile fort. Du hast mich in der Nacht verlassen, in der du in dieses Auto gestiegen bist. Und nun ist es an der Zeit, dass ich dich verlasse.

Ich habe lange nach einem Schuldigen gesucht, habe mir die Schuld gegeben, weil ich nicht an mein Handy gegangen bin. Habe dir die Schuld gegeben, weil du betrunken gefahren bist, habe deinen Freunden die Schuld gegeben, weil sie dich haben fahren lassen. Doch die Wahrheit ist, dass das Schicksal keine Schuldigen kennt.

Und so endet unsere Geschichte mit dem Ziehen eines Steckers. Mit deinem letzten Atemzug und meinen salzigen Tränen. Ich werde dich nie vergessen, denn du schenktest mir Lebendigkeit und Glanz, Freundschaft und Leidenschaft. Du bist meine Familie und meine Liebe. Und deshalb muss ich dich gehen lassen. Denn auch wenn dies dein letztes Kapitel in der Geschichte ist, muss ich einen Stift in die Hand nehmen und die meine zu Ende schreiben.

Hoffnung

Ich schlafwandle durch die Nächte,
ich träume durch die Tage,
ich sterbe.
Da ist nichts mehr in mir,
außer diesem kleinen Funken,
der mich wärmt.
Immer, wenn du meinen Namen rufst.

Versenkung

Doch dann zerfällt der
wunderschöne Schmetterling,
zu schwarzer Asche.
Er verbrennt mich,
versengt mich.
In meinem Wunderland der
Träume.

Sturm

Wenn der Himmel leuchtet und weiser scheint als zuvor, dann triff mich am Wasser und wir kreieren einen endlosen Sturm.
Der Regen wird in Kristallen zu uns herabfallen, der Wind wird endlos wehen, bunt um uns herum.

Hier, inmitten dieses Wahnsinns, warte ich auf dich, beobachte die schreienden Vögel und die sanften Wölfe. Warte auf dem Steg des Abschieds am Horizont des Neubeginns. Und blicke auf die Träume, die ich niemals hatte, umgeben von der Phantasie unserer Liebe. Wartend. Lebendig.
Das Licht der Sonne beschattet mein Gesicht, es beschattet alles unter sich und lässt es leben. Lässt es sterben.
Wenn ich in dem Chaos hier versinke, findest du mich im Wahnsinn wieder?

Nachtigall

Mich atmet
die Dunkelheit.
Mich inhaliert
die Nacht.
Doch der Wind ist es,
der mich ausweidet.

Schneegestöber

Ich halte deine Liebe
so vorsichtig,
als würde ich den Schnee
in meinen Händen halten wollen.
Doch deine Liebe schmilzt
noch schneller,
als der Schnee in meiner
Hand.

Taub

Mir ist, als hätte irgendjemand den Ton dieser Szenerie ausgeschaltet.
Ich höre ein lautes Fiepen, es schallt in meinem Kopf. Dann höre ich nichts mehr.
Sehe aber:
Ein anmutiges Menschenpaar. Sie tanzen. Ständig in Bewegung, keine Pause.
Die drehen sich um einander und kreisen um sich selbst.
Die Schritte genauestens studiert und eingeprobt. Fehlerlos.
Nur manchmal scheinen sie aus dem Takt zu kommen. Dann straucheln ihre gleichmäßigen und anmutigen Bewegungen.
Und in diesen Momenten spüre ich, wie sie in feinen Nuancen das Leben in sich aufnehmen.
Und ich verstehe es.
Denn wenn ich in deiner Stille wild tanze, ist mir, als lebe ich einen unendlichen Augenblick.

Sequenz III

Von der Welt und ihrem
Schicksal.

> In einer Welt der Sterblichkeit bleibt
> nichts, nichts außer Endlichkeit.
> Unendlicher Endlichkeit.

***

Für alle, die versuchen, die Welt zu einem besseren Ort zu machen.

Eden

Zeig ihn mir,
den Garten, der nach Leben schreit,
der unendlich viel Liebe zeigt und
Frieden.

Führ mich hin,
ins Paradies der Ewigkeit,
wo Freude wird zur Wirklichkeit und
Glück.

Hol mich raus,
aus einer Welt voll Feindlichkeit,
wo Glück nur als Konstrukt erscheint und
Lüge.

Gib mich ihr hin,
der Heimat aller Menschlichkeit,
die Mut und Treue wohl vereint und
Glaube.

So folg ich dir,
Du führst mich in die Ewigkeit,
wo Menschsein einfach Mensch sein heißt und
Leben.

Wolkenfee

So tanzt sie zwischen den Wolken,
ein Mädchen,
so rein wie der Wind.
Getragen von den Sternen,
geschaffen von der Ewigkeit.
Und wenn du ganz leis bist,
dann kannst du sie hören.
Hörst ihr Flüstern.
Hörst ihren Gesang,
welcher dir die
Farben der Welt
offenbart.

Trockenes Wasser

Ich
tauche ein
in den Ozean
der lange trocken liegt
treibe sanft in seinen Wellen.
Atme seelenlos die kalte,
kühle Luft und
gehe darin
unter.

Vom Haiku der Sternschnuppen

Seliger Himmel,
zeitloses Echo der Nacht;
Du gibst mir Frieden.

Evangelien der Gegenwart

I Matthäus
So fand ich Gott, verlassen und einsam, inmitten eines abgeernteten Feldes.
Er sah zum Horizont und rauchte eine Menthol-Zigarette. Ich bin mir nicht sicher, ob er mich hörte, denn als ich ihn ansprach, reagierte er nicht. Wir standen eine Weile gemeinsam dort, beobachteten die untergehende Sonne und schwiegen.
Als das Licht fast verschwunden war, senkte er unbemerkt den Kopf, blickte zu Boden und zerfiel zu Erde und Staub.
Ich sah ihn nie wieder.

II Markus
So fand ich Gott, verlassen und einsam, an einem Bahnsteig im Nirgendwo.
Er saß auf dem Boden zwischen Scherben und Müll. Der Geruch von kaltem Schweiß und Urin hing in der Luft, umgab ihn wie eine zweite Haut.

Ich wollte ihm aufhelfen, doch er konnte mich nicht ansehen, konnte meine Hand nicht berühren. Sein leerer Blick war einzig auf die Schienen geheftet. Ich saß eine Weile bei ihm, bis mein Zug einfuhr. Als ich aus dem Fenster zu ihm zurücksah, zerfiel er zu kaputtem Glas.
Ich sah ihn nie wieder.

III Lukas
So fand ich Gott, verlassen und einsam, umringt von einhundert Menschen.
Sie schienen ihn nicht zu bemerken. Er selbst sah nur zu Boden. Als ich ihn ansprach, drehte er mir den Rücken zu, nicht fähig, sich durch die Masse zu bewegen. Die Einsamkeit, die von ihm ausging, schnürte mir die Kehle zu. Als ich meine Hand auf seine Schulter legen wollte, stockte ich. Kalter Wind blies mir ins Gesicht, sodass ich meine Augen schloss. Als ich sie öffnete, war er verschwunden.
Ich sah ihn nie wieder.

IV Johannes
So fand ich Gott, verzweifelt und verwundet, auf dem Schlachtfeld nach dem Kampf.

Aus der Ferne konnte man noch immer Schüsse hören. Das Blut, welches von meinen Händen tropfte, war noch warm. Er starrte ausdruckslos auf einen Haufen menschlicher Überreste, der Geruch von Schmerz und Tod hing in der Luft. Frauen schrien, Kinder weinten, irgendwo brannte es. Die Sirenen hörte ich schon gar nicht mehr. Menschen starben. Ich beobachtete ihn durch schwere Rauchschwaden. Er kniete im blutdurchtränkten Sand, als ein Schuss durch die Luft raste und seine Brust zerriss. Sein Kopf ruckte nach oben.

Er sah mich an, ein erlösendes Lächeln auf den Lippen, und starb, den Blick gen Himmel gerichtet. Ich war erstarrt, konnte mich nicht rühren. Wusste ich doch:

Wir würden ihn nie wieder sehen.

Kriegsgedanken I

bu-bumm
bu-bumm
bu-bumm

Kannst du ihn hören,
meinen Herzschlag?

Als ich ging, hörte ich deinen.
Er rumpelte ungleichmäßig, bekümmert.
Doch du hast auf den meinen vertraut.
Kräftig, hoffnungsvoll, stolz.

bu-bumm
bu-bumm
bu-bumm

Kannst du ihn hören,
meinen Herzschlag?

Als ich ankam,
tausend Meilen entfernt von dir,
hörte ich meinen.

Laut, spannungsgeladen, mutig.

bu-bumm
bu-bumm
bu-bumm

Kannst du ihn hören,
meinen Herzschlag?

Als ich aufs Feld ging,
hörte ich seinen.
Er hämmerte, stockte, verstummte.

...
...
...

Kannst du ihn hören,
meinen Herzschlag?

Als ich tötete,
hörte ich nichts mehr.
Nicht deinen, nicht meinen,
nicht seinen.

…
…
…

Kannst du ihn hören,
meinen Herzschlag?

Als ich zurückkehren sollte,
konnte ich nicht.
Ich blieb zurück in der Stille,
bis auch mein eigenes Herz
verstummte.

Kriegsgedanken II

Nun schließt das Fenster sich
mit leisen Klagen.
Die schwere Tür ist bereits fest verschlossen.
Still sitzt du da,
starrst auf die dunklen Schatten,
Die letzten Sonnenstrahlen wärmen dein Gesicht.
In deinen Augen spiegelt sich das Feuer,
doch mein angsterfülltes Flehen
löst deine Starre nicht.

Ich warnte dich,
doch du hast stillgestanden,
Das Fenster angesehn
und gleichsam nichts gemacht.
Jetzt sitzt du hier und starrst mit leeren Augen.
Hörst Schreie draußen
in der kalten Nacht.

Kriegsgedanken III

Und als der Boden
blutrot weinte,
als schwarze Asche
hilflos schrie,
verschwanden alle
Farben.
Denn Krieg verschlingt,
wie schwarze Luft,
die Farben von
Milliarden.

Nachsicht

All die trockenen Tropfen
tanzen unbeweglich
auf meinem Gesicht.
Der tränenerstickte Himmel
erdet mich.

Blutende Bäume

Mitternacht. Die Glocke schlägt. Die Monster kommen leis aus ihren Schatten, beobachten mich und nehmen mich gefangen.
Verängstigte Stürme verstecken sich hinter blutenden Bäumen, der Regen fleht um Mitleid.
Ist hier denn niemand, der dies wahrnimmt? Ist hier denn niemand, der mich hört?
Ich fühle es. Fühle das Chaos der Realität am Tag und auch bei Nacht. Es bezwingt mich. Und so muss ich zu den Wolken fliegen und den Himmel unter mir verbrennen sehen. Sehen, wie das Feuer und das Leben sich verschlingen.
Der Wind, er stimmt ein in mein Schreien. Und der Regen weint an meiner Seite. Die Nacht stirbt mit mir und verflucht den Tag für seine Taten, nichtwissend, dass Tag und Nacht dasselbe sind.
In einem Wald ohne Bäume werde ich leben, werde ich sterben. Zu Asche verfallen werde ich frei sein, werde ich leiden. In mir allein der Sog des Lebens. In mir allein des Todes Feigheit.

Taten

Als würde sie zusammenbrechen,
Mutter Erde.

Geflohen im Spiegel der Zeit.
Zermürbt von den Scherben der Geschichte.

Verrucht sind die Gezeiten.
Verloren all die Schönheit.
Verdankt dem bösen Geist,
der genannt wird
Mensch.

Weltschmerz

All ihre Schreie ermüden
in unserem stummen Echo.
Sie verhallen in uns.

Gesellschaftsspiel

Es ist so heiß, dass die Schweißperlen auf meiner Haut verdampfen. Meine Lippen sind gerissen und ich schmecke Blut. Keine Ahnung, woher es kommt und ob es mein eigenes ist.
Die Sonne blendet mich so sehr, dass meine Augen mich verlassen. Ich spüre nur das schwere Gewicht des Mannes, der auf mir liegt und mich schmerzhaft in die Erde presst. Er hat schon vor einigen Minuten aufgehört zu atmen.
Hören kann ich nichts, nur meinen Herzschlag. Er hallt gellend in meinen Ohren wider und ich warte darauf, dass sich mit ihm auch mein Puls beruhigt.
In meinem Kopf schallt wieder und wieder dieses eine Wort: gewonnen.
Ich spüre, wie der Kadaver von mir gezogen wird, und genieße den Sauerstoff, der plötzlich wieder in ausreichenden Mengen durch meine Lungen drängt.
Jemand greift nach meinem Arm und versucht,

mich hochzuziehen. Ich höre ein dumpfes Poltern und weiß, dass die Leiche zu den anderen in die Grube geschmissen wurde, die sich wie eine warnende Grenze um das gesamte Spielfeld zieht und einen modernden Geruch in die Nasen aller Anwesenden treibt. Als verpestete sie die Luft.

Irgendjemand brüllt und ich werde unsanft aufgefordert, endlich in die Kapelle zu verschwinden, da die nächsten Farblosen bereits auf ihren Einsatz warten.

Ich weiß nicht, wie ich es geschafft habe, aber wenige Augenblicke später finde ich mich in dem schmutzigen Saal wieder, der einst zu einem stattlichen Gotteshaus gehörte. Nun liegt es brach und zeigt die Schatten einer Gesellschaft, die einst alle Möglichkeiten hatte und sie allesamt verspielte.

Müde rutsche ich an einer kühlen Kachelwand hinab, in der Hoffnung, dass irgendwann ein Weißer käme, der meine Wunden oberflächlich versorgen könnte. Oder doch vielleicht ein Gelber, denn von ihm würde ich meine verdiente Essensmarke bekommen.

Mir gegenüber ächzt ein schmaler Knabe, als er versucht, seinen verkanteten Arm in eine provisorische Schlinge zu stecken. So wie er aussieht, kann er erst vierzehn sein. Das Einführungsalter für uns Farblose, um zu den Kämpfen zugelassen zu werden. Ich bin verblüfft, dass er gewonnen hat, so jung wie er ist. Das kommt nicht oft vor.

Für einen Moment schließe ich die Augen und schrecke in der nächsten Sekunde wieder hoch, aus Angst, die Markenausgabe zu verpassen. Ich ertrage die quälende Leere meines Magens keine weitere Nacht. Es gibt kaum mehr Ratten auf den Straßen, die wir fangen können. Und so sehen sich die meisten dazu gezwungen, in die Arena zu kommen, um zu beweisen, dass sie es wert sind, zu essen.

Meine Gedanken konzentrieren sich auf meinen Herzschlag, der sich in der Zwischenzeit beruhigt hat und nun wartend darauf lauert, dass sein Träger etwas zu sich nimmt.

Ein lautes Klacken ertönt und ich weiß, dass es das Einschalten der Lautsprecher ist, aus denen im nächsten Moment eine weibliche, metallene Stimme hallt:

„Mitspieler, ihr werdet nun gebeten, euch in die Speisekammer zu begeben. Dort werdet ihr für

eure Mithilfe belohnt, zu einer besseren Gesellschaft beigetragen zu haben. Dankt euren Opfern und gedenkt sie, wenn ihr die Marke erhaltet. Für eine bessere Zukunft, in der nur die Starken überleben. Für eine gerechte Ordnung!"
Die letzten Wortfetzen verklingen in dem Gewirr der Farblosen, die sofort aufspringen und sich zu der Kammer schieben, vor denen die Roten patrouillieren.
Ächzend erhebe ich mich und eile ans Ende der immer länger werdenden Schlange, die sich vor der Türe bildet.
Jetzt geht es sehr schnell. Die Männer erhalten die schwarzen Papierstreifen und rennen zum Ausgang, während sie die Rationsmarke fest an sich drücken. Sie wissen, dass vor den Türen der Arena eine Meute Hungernder steht, die alles dafür tut, die Marken der Sieger zu bekommen.
Der junge Knabe, den ich vorhin beobachtete, bekommt vor mir seine Marke und lässt sie rasch in seiner Tasche verschwinden. Er stockt, bevor er zum Ausgang eilt und sieht mich für einen kurzen Moment an. Dann beginnt er zu rennen.
Nun bin ich an der Reihe, empfange die Marke von einem bärigen Gelben und sehe, dass meine

Hände zittern, während ich sie entgegennehme. Ich verstaue sie im Gehen in einer von innen eingenähten Tasche meiner zerschlissenen Hose und begebe mich schleunigst Richtung Ausgang. Die heiße Luft, die mir entgegenschlägt wie eine unsichtbare Wand, lässt mich kurz straucheln.

Im nächsten Moment nehme ich den Tumult wahr. Lautes Gebrüll und wütende Körper gleiten über den Platz. Zwischen schreienden und schlagenden Männern, kann ich auch den Burschen ausmachen, der mitten im Gerangel steckt und laut nach Hilfe schreit, während er von mehreren Menschen festgehalten wird, die ihn mit scharfen Klingen und festen Fäusten malträtieren. Ich blicke mich um und sehe eine schmale, unbemannte Lücke zwischen den kämpfenden Körpern. Ich kann es schaffen.

Die Schreie des Jungen dringen bis in mein Mark, als ihn der nächste Hieb mit dem Messer trifft. Sein Kopf ruckt zu mir herüber und sein Blick bittet still um Hilfe.

Ich schaue zu ihm, zu der Lücke, wieder zu ihm, zu der Lücke. Spüre nach der Marke in meiner Tasche.

Und renne los.

Sequenz IV

Von den Worten und ihrem Vermächtnis.

> Denn ein Wort hat die Gabe der Vernunft,
> die Kraft eines Glaubens
> und die Macht über Leben.

***

Für alle, die die Verantwortung hinter dem Wort erkennen.

Write In Pieces

Ich zerschreibe mich
in Stücke,
zerreiße mein Leben
in Buchstaben
und fühle mich darin
geborgen.

Inspiration

Deine rhetorische Stille
küsst jedes meiner Worte
besinnungslos.
Ich flüchte in die Nebelsätze und
verstecke mich
hinter metaphorischem Geäst.
Unsinnig!
Denn ich fürchte,
du kannst meine Seele dennoch
atmen.

Zeilensprünge

Weil jedes Wort von dir
mein Wesen
geisterhaft in Poesie ergießt,
es festhält und verknüpft mit
Enjambements des
Lebens.

Wortgespinste

Ich verlaufe mich in diesem
Dschungel aus
Sätzen.
Irre zwischen dichten
Metaphern
und einfältigen
Buchstaben.
Finde den Weg nicht zurück zum
Wort.

Worte der Musik

Sie schließt die Augen,
setzt den Bogen,
zielt gar auf die Harmonie.
Spielt Klänge aus entfernten Träumen,
liebkost die Saiten,
lebt wie nie.
Sie legt den Kopf schief,
spannt die Schultern,
wippt im Takt zu der Musik.
Ist ganz allein,
doch weit entfernt,
von Einsamkeit und Strategie.
Gefangen nur
in diesem Lied.

Von Wundern und Erkenntnis

Ich fall in die Erkenntnis,
wie Alice in ihr Wunderland.

Königlich

Mein Königreich zerfällt und die Erschütterung hallt sekündlich in mir nach. Ich kann mich nicht vor ihr verbergen.
Die Stimmen hinter dem Rücken flüstern so laut, dass sie dumpf in meinen Kopf eindringen und mein Herz verschließen.
Vergessen kann ich nicht. Nein, ich kann nichts vergessen. Es ist alles in meinem Kopf.
So deutlich.
So gierig.
Es greift nach den Fäden meiner Gedanken, spinnt es zu wütenden Gebilden und lässt es ungehalten auf mich los.
So strömen die Worte in mich, belagern alles und nehmen mich ein. Mein einziges Ventil ist das Schreiben. So zeichne ich die Buchstaben und versuche, mich nicht in ihnen zu verlaufen. Ich kleide und platziere sie, Wort für Wort, in vollen Sätzen. Und hoffe, sie mögen wahrhaftig sein.

Einfachheit

Ich würde dich
in Worte schreiben,
die nicht existieren.
In Farben malen,
bunt in bunt:
Die Landschaft meines Herzens.
In Sätzen zeichnen,
einfach so.

Flucht

Meine zerbrochenen Zeilen
fliehen vor dir.
Sie wollen nicht in deine
Seele schauen
und ihr Spiegelbild
erblicken.

Spinne

Ich verheddere mich
in deinem Netz aus
gut gestrickten Worten,
hänge zappelnd in der Luft
und brülle lauthals alles aus mir,
bis ich kein einziges Wort mehr finde
und nur deine Lügen mich noch
trösten können.

Nimmerland

Ich, ein verlorener Junge,
renne und falle und fliege und wage
keinen Blick aus meinem Nimmerland hinaus.
Vielleicht macht mich das zu einem Geschöpf
unendlicher Freiheit,
gefangen in dem Käfig meiner Fantasie.

Geschichtenschreiber

Das Schreiben einer Geschichte ist oftmals schwieriger, als man denkt. Denn gute Geschichten bestehen aus gut durchdachten und ehrlichen Fragmenten des Lebens. Jede Szenerie, jede Figur und jedes Wort muss seine Berechtigung haben. Zeit und Ort dürfen sich nicht widersprechen, die Worte sich nicht allzu oft wiederholen.

Ein Autor hat die Aufgabe, Struktur in die einzelnen Elemente zu bringen und die Erzählung zu koordinieren. Die wunderbarste und mühsamste Aufgabe zugleich.

Ist das nicht verrückt?

Wie sehr das Schreiben einer Geschichte dem Leben ähnelt? Wie sehr ein Mensch inmitten seiner diffusen Empfindungen an einen in den Worten gefangenen Autor erinnert?

Vielleicht würde es den Menschen leichter fallen in dieser chaotischen Welt zu leben, wenn sie sich vorstellen, dass sie das Ende ihrer Geschichte mitschreiben können. Vielleicht begreifen sie dadurch endlich, wie wunderschön und wertvoll diese Welt ist, wenn sie sie mit zarten Worten oder groben Sätzen widerspiegeln müssten.

Wenn wir alle die Schreiber und Texter dieser Welt sind, dann können wir auch die Autoren unseres eigenen Lebens sein.

Worauf also wartest du?

Nachwort & Danksagung

Lieber Leser, liebe Leserin,

Als ich im Februar dieses Jahres den Entschluss fasste, meine Texte zu veröffentlichen, hätte ich nie gedacht, dass mir auf dem Weg dorthin so viele tolle und neue Menschen begegnen. Ich habe durch die Writingcommunity so talentierte und liebenswerte Schreiberlinge und Autoren kennengelernt, die mich nicht nur unterstützt, sondern mich auch zu einigen meiner lyrischen Texte inspiriert haben. Vielen Dank für all eure Unterstützung, euren Zuspruch, eure Kritik und euer gutes Herz. Ich weiß das wirklich zu schätzen.
Ich danke der talentierten Catrin und ihren Bemühungen, die meinem Buch ein zauberhaftes Gesicht gegeben haben. Du bist unglaublich! Vielen Dank für dieses wunderschöne Buchcover. Es ist perfekt.

Der wichtigste Anker in meinem Leben ist meine Familie. Wo wäre ich nur, wenn ihr nicht jeden meiner Schritte vorbehaltlos unterstützen würdet. Danke, dass ihr mir das Leben ermöglicht, welches ich mir wünsche. Ohne euch wäre ich nicht der Mensch, der ich heute bin.
Danke für alles.
Es ist mir sehr wichtig, einer konkreten Person ganz besonders zu danken. Meinem Herzensmenschen und besten Freund seit acht langen und wunderschönen Jahren. Danke für all deine Liebe und all deinen Zuspruch. Danke, dass du meine Texte liest und mit mir gemeinsam überarbeitest. Danke, dass dieses Buch eines der maximal 10 Bücher ist, die du in deinem Leben gelesen hast. Und danke, dass du es genauso liebst wie ich.
Und letztlich möchte ich den Worten danken. Jedem einzelnen, welches ich hier verwendete. Ihr musstet leiden, denn ich habe euch tausendfach gelöscht und verflucht, doch letztendlich seid ihr meine treuen Begleiter und mein Sprachrohr. Der Spiegel dieser Welt, die Sequenzen des Lebens.

Zum Schluss möchte ich mich noch einmal dir zuwenden, lieber Leser, liebe Leserin.
Worte allein können vielleicht nicht die Welt verändern, aber du kannst es. Also stehe nicht, wenn du rennen solltest. Stocke nicht, wenn du handeln kannst. Und schweige nicht, wenn du die Chance hast, das Wort zu ergreifen. Denn ein Wort hat die Gabe der Vernunft, die Kraft eines Glaubens und die Macht über Leben.

Ihr wollt mehr Textsequenzen entdecken? Dann besucht mich gern auf meiner Instagramseite!
Unter dem Pseudonym write_in_pieces veröffentliche ich spannende Textelemente und halte euch mit meinen aktuellen Projekten auf dem Laufenden. Viel Spaß beim Stöbern!

Über die Autorin

Marie Döling kam 1995 im hessischen Bad Karlshafen zur Welt und wuchs mit ihrer Familie in der ältesten Stadt Sachsen Anhalts, Aschersleben, auf. Mit achtzehn Jahren beendete sie ihr Abitur am dortigen Gymnasium Stephaneum und studiert seitdem an der Universität Potsdam Lehramt für die Sekundarstufe I in den Fächern Deutsch und Lebensgestaltung-Ethik-Religionskunde.

Die Liebe zum Schreiben entdeckte sie schon recht früh. Inspiriert von ihrem Vater, der ihr in ihrer Kindheit jeden Abend eine selbst erdachte Geschichte erzählte, fand sie Freude und Inspiration in den Worten.

Mit ‚Sequenzen der Wörtlichkeit' veröffentlicht sie ihr erstes Werk. Weitere Lyrik- und Kurzprosabände in der Sequenzen-Reihe sollen folgen.

Neben den Sammelbänden arbeitet sie an einer dreiteiligen Romanreihe.